인문지혜총서 100선

004

이보라 소설가의

삶의 모퉁이를 돌 때마다

인간과문학사

작가의 말

    삶의 모퉁이를 돌 때마다 잊을 수 없는 사람도 있어 왔습니다. 어떤 순간과 어떤 곳을 특별하게 하는 사람은 또 다른 나와 같다 여깁니다. 그러므로 당신은 또 다른 내가 됩니다. 우리는 하나의 심장과 하나의 손을 가진 오래전 연인의 모습으로 세상에 대한 새로운 이해가 필요하다고 속삭입니다. 언제부턴가 자주 우리가 고통스럽다고 느끼는 세상에서 살아가고 있기 때문입니다.

    고통 없이 개인은 성장할 수 없으며 성장 없이 발전할 수 없다는 것은 우리의 냉철한 현실입니다. 고통은 억누르거나 떨쳐버리기 힘들기에 극복해야 하는 것이며 극복하는 유일한 방법이란 자신이 스스로 고통을 견뎌내는 것입니다. 우리가 고통을 견뎌낼 수 있는 지혜는 삶의 모퉁이를 돌 때마다 도처에 널려 있습니다.

    세상 어떤 위대한 사유에도 감각이 우선하기에 이 순간도 우리는 건강하게 보고 듣고 맡고 먹고 또 만집니다. 그리고 아름다움 같은 것에 대하여 생각하고 느끼다가 숨겨둔 상처를 발견하거나 회복하기도 합니다. 이것은 모두 우리 자신에 대한 이해의 과정이며 나아가 세상을 잘 이해하기 위한 수단이 됩니다.

이런 말을 하면 당신은 나를 세상에 사라진 여신女神 보듯 하지만 나는 지나치게 인간적인 실수로써 언제나 평범한 인간입니다. 가끔 짜증을 내고 터무니없는 요구를 하며 분노를 참지 못해 폭발할 뿐만 아니라 과욕에 찬 사람들에게 속으며 현대를 살아가고 있습니다. 말하는 것조차 때때로 나에게 고통이며 헛된 말들로부터 회복하려면 며칠간의 휴식 같은 침묵이 필요하기도 합니다.

휴식하는 동안 나는 특히 세잔과 클림트, 르누아르와 칸딘스키, 뭉크와 말레비치, 모네와 과르디의 그림을 만납니다. 새로운 세상을 향해 당당한 모습으로 그들이 그린 작품은 침묵이 꾸는 아름다운 꿈같은 것입니다. 그것이 시

대를 초월하며 세상에 중요한 의미가 되기까지 고통스러웠을 그들 개개인의 삶을 상상합니다. 그들의 작품 속에 공통적으로 깃들어 있는 선구자의 고독은 나도 외롭지 않게 합니다.

　세상에 아포리즘의 출현은 새로운 시대의 도래와 맞물려 왔습니다. 이 책에 실은 짧은 말들은 예리한 통찰과 치열한 성찰 끝에 터져 나온 나의 짧은 기도와 같은 것이며 판단과 실천은 당신의 몫입니다. 그저, 삶에 남은 모퉁이를 돌 때마다 완벽하진 못해도 지혜를 구한 완전한 모습으로 거기에 서있고 싶다 약속하신 당신께 이보라의 아포리즘집을 건넵니다.

차례

Ⅰ. 보다... 06
- 세계의 의미는 세계의 안이 아니라 바깥에 있을지 모릅니다.

Ⅱ. 듣다... 30
- 침묵을 기른 후에야 말이 많은 것이 시끄러운 줄 알았습니다.

Ⅲ. 삼키다... 56
- 진리는 별로 빛나고 지혜가 등불로 그 길을 밝힙니다.

Ⅳ. 맡다... 82
- 참된 인간이란 길을 쫓는 것이 아니라 내 길을 내가 만들며 걷는 사람입니다.

Ⅴ. 느끼다... 106
- 살아 있는 것을 나는 이렇게 나눕니다, 꿈이 있는 존재와 꿈이 없는 존재.

Ⅵ. 잇다... 130
- 인간은 오직 관계로써 우리가 됩니다.

I.
보다

세계의 의미는
세계의 안이 아니라
바깥에 있을지 모릅니다.

에드바르 뭉크 - 절규,
1893년, 캔버스에 오일, 91 x 74cm

008
이보라 소설가의 삶의 모퉁이를 돌 때마다

● 작가는 일생 그믐입니다.
살이 차는 것은 영영 언어입니다.
되새기게 하는 힘,
사람에게 또 예술작품에 필요한 것이
나는 이것이라 여깁니다.

언어를 확장하여 여백과 침묵을 씁니다. 보일 듯이 보일 듯이 보이지 않게, 보이지 않을 듯이 보이지 않을 듯이 보이기를. 더 잘 보기 위해서 우리의 시야는 더욱 넓고 흐릿해져야 할 필요가 있습니다. 나는 그저 울릴 뿐, 채우는 건 당신입니다.

인간에게는 상상력이라는 특별한 능력이 있습니다. 이미 만들어져 더 이상 변화 불가능한 사물과는 달리 인간은 규정되어 있지 않으며 스스로를 완성해 가는 존재입니다. 인재人材를 사람이 알아보고 쓰지 못해도 하늘이 알아보고 세상 어느 구석에서든 씁니다.

바실리 칸딘스키 - 작은 기쁨,
1913년 6월, 캔버스에 오일, 110.2 x 119.4㎝

012
이보라 소설가의 삶의 모퉁이를 돌 때마다

• 세상은 바야흐로 이미지들의 천국인데 정작 '나'의 이미지는 자주 숨바꼭질 중입니다.
고요한 눈으로 세상을 바라보고 나를 들여다볼 때 숨어있던 '나'는 문득 뚜렷해집니다.
가만히 있기에 흔들리는 것을 볼 수 있습니다. 때론 흔들리는 것이 아름답지만 가만히 있는 것도 아름답습니다.

내가 당신을 이성으로 사랑할 때 자주 미소 지었습니다.
이제 내가 당신을 떠올리기만 해도 눈물이 나는 까닭은 한 인간으로서 다른 인간을 사랑하기 때문입니다.

소설을 쓰고 있는 나에게 불교가 아름다운 이유는 그것을 동양학의 바탕철학이라 여기기 때문입니다.
 가령 우리 고전을 읽는다는 것은, 처음부터 끝까지 지혜와 같은 깨달음을 구하는 과정이 됩니다.

구스타프 클림트 - 소작농의 정원,
1905년, 캔버스에 오일 110 x 110cm

● 기회는 그것을 볼 줄 아는 눈과 붙잡을 수 있는 의지를 가진 사람이 나타나기까지 침묵 중입니다. 그러므로 기회란 없어서 있는 것입니다.

어제보다 오늘에 가까운 시각까지 내일 걱정을 하는 것은 어리석습니다. 다시 오로지 오늘일 뿐입니다. 나의 무력함을 거부할 때 세상은 내게서 한 걸음 멀어집니다. 나의 무력함을 시인할 때, 오늘도 세상을 향해 자유의 새 걸음을 내디딜 수 있습니다.

살아가는 동안에 살아있다는 느낌의 인생이 우리에겐 중요합니다. 그래서 대면하거나 체험합니다. 위험을 무릅쓰고서라도 말입니다. 마침내 죽음으로 허무한 것 외엔 세상에 아무 것도 의미가 없는 게 없습니다. 그래서 우리는 늘 새로운 과정 속에 있을 수 있습니다.

에드바르드 뭉크 -Women on the Bridge,
1902년, 캔버스에 오일, 184 x 205cm

020
이보라 소설가의 삶의 모퉁이를 돌 때마다

• 어리석은 내 안에 아주 위대한 관찰자가 살고 있습니다. 그는 나를 가르치고 통제하며 이끕니다.
그 위대한 관찰자와 내가 얼마만큼 소통하느냐에 따라 나는 오늘을 잘 살아내고 내일을 내다볼 수 있습니다.

세계의 의미는 세계의 안이 아니라 바깥에 있을지 모릅니다. 그러나 인간은 새장 속의 새와 같은 존재라 바깥에서 세계를 조망하고 통합하기는 불가능할 듯합니다. 그렇다고 모든 것이 무의미해지지 않습니다. 불가능에 저마다 최선의 저항을 하며 살아가는 것, 이것이 우리 삶을 의미 있게 할 수 있습니다.

꽃은 순간의 불안이며 나무는 기억의 원천과 같습니다.
오늘의 꽃이 진다고 내일의 나무를 잊을 수 없는 까닭입니다.

끌로드 모네
1888년, 캔버스에 오일, 73 x 92.1cm

024
이보라 소설가의 삶의 모퉁이를 돌 때마다

• 살아가며 파도를 보다가 또 파도를 타다가 마침내 바다가 됩니다.
끊임없이 나를 흔드는 것은 타인이 아닙니다.
고요도 바람도 내가 지키거나 내가 일으킵니다.

오랜 여행에서 돌아와 보면 누군가 또 무엇이 제 자리를 지키고 있음에 새삼 감동하게 됩니다. 우리가 구하고 있는 아름다움이란 너무 멀리 있지 않은 새삼스러움 같은 것일지 모릅니다.

문득 깊어버린 가을 아침입니다. 시간을 챙겨들지 않고 떠나지 마세요. 세상의 모든 길이 바람 속에 숨을지 모릅니다.

폴 세잔 - 세느강의 바지선들,
1870년, 캔버스에 오일, 64 x 47cm

이보라 소설가의 삶의 모퉁이를 돌 때마다

- 올빼미는 대낮에 눈을 부릅뜨고 있어도 아무것도 볼 수 없습니다. 올빼미는 기어이 오게 되는 밤을 기다려야 합니다.

사람이 캄캄한 밤길을 걸을 땐 먼 데 있는 불빛이 힘입니다. 사람은 그것으로 어제를 살았고 내일도 살 것입니다.

언어가 없다면 보이지 않는 세계를 생각할 수 없습니다.
보이지 않는 세계란, 언어로 지칭되어서 보이는 세계 너머에 있기 때문입니다.
보이는 세계 없이 보이지 않는 세계란 있을 수 없습니다.

사유나 상상은 물처럼 구름처럼 흘러야 합니다. 현실이 고달픈 우리가 그것으로 현실 너머의 세상을 지으며 살아갈 수 있습니다. 자유로운 사유와 상상은 아무리 고통스러운 삶도 버텨낼 수 있게 하는 인간의 자산입니다.

II.
듣다

침묵을 기른 후에야
말이 많은 것이
시끄러운 줄
알았습니다.

| 바실리 칸딘스키 - 즉석화 19,
1911년, 캔버스에 오일, 120 x 141.5cm

032
이보라 소설가의 삶의 모퉁이를 돌 때마다

- 우리의 소원은 통일이었던 시절은 가고 나의 소원이 위로인 시절이 도래했습니다.

소원은 훨씬 작아졌는데 슬픔은 점점 커집니다. 극기克己는 누가 뭐라 해도 자기 몫입니다. 어려움이 없는 시절은 없었고 없을 것이기 때문입니다. 고통을 스스로 다스릴 줄 아는 지혜야말로 개인과 사회가 겸비해야 할 최선의 방책입니다.

역사의 수레바퀴가 대중을 싣고 달리며 근간 유난히 삐걱거립니다. 배를 타기 무섭고 지하철도 타기 겁나는 세상을 살아내며, 우리는 몸과 더불어 마음 실을 곳도 찾지 못해 방황하고 있습니다.

사람과 사람 사이에 무엇이 있냐 하면 사람이 있고, 역사와 역사 사이에 무엇이 있냐 하면 역사가 있습니다. 사이에 늘 무언가 존재할 수 있는 것은 그것이 비어있는 '틈'이기 때문입니다.

그러므로 틈은 없되 있는 시간이며 공간입니다.

삐에르 르노아르 - 갈레뜨 방앗간에서의 춤,
1876년, 캔버스에 오일, 131 x 175㎝

036
이보라 소설가의 삶의 모퉁이를 돌 때마다

• 진정 자유를 원한다면 진행 중인 방종을 폐기하고
진정 평화를 원한다면 상시 긴장을 유지하면 되겠습니다.
당신의 열정이 내내 아름답고
당신의 냉정은 영영 예리하길
기도합니다.

권위를 경멸하던 자가 권위를 갖게 되면 그것이 보잘것없는 것임에도 한없이 오만하고 야만스러워질 수 있습니다. 그러나 자신 외에 자기를 아래로 끌어내릴 수 있는 사람은 아무도 없습니다. 어떤 경우에도 자기의 존엄을 자신이 유지해야 합니다.

더 잃어버리거나 무너지기 전에 우리 시대의 화두는 책임이어야 합니다.
특정 개인의 그것이 아니라 저마다 자기 자리에서 그래야 합니다.

지금 우리는 아무나 캡틴captain이고
각자 노마드nomad중입니다.

바실리 칸딘스키 - 검은 점,
1912년, 캔버스에 오일, 100 x 130cm

• 인간의 삶은 무한책임의 불가능에 대한 절망의 연속이기도 합니다.
그래서 하나님을 사모하고 부처님을 알고 자연과 벗하려 한다면
그것은 인간의 생에 대한 욕심이 아니라 겸손입니다.

침묵의 효과는 사람에 따라 다릅니다.
　자신감 없는 사람의 가장 안전한 방책이며 어리석은 이에겐 지혜가 됩니다.
　현명한 자의 것일 때 침묵은 덕이 됩니다.

날마다 새벽이 설렙니다. 바깥은 아직 캄캄하여 더 궁금한 오늘입니다. 영혼의 길이란 아는 것이 아닙니다. 진리의 길이란 찾는 것도 아닙니다. 그것은 스스로 미지의 길이 되어버리는 것입니다. 문을 여는 사람으로서 새벽길을 걷기 시작합니다.

프란체스코 과르디 – 산 마르코 광장,
1760년, 캔버스에 오일, 117 x 72㎝

044
이보라 소설가의 삶의 모퉁이를 돌 때마다

• 사람이 사랑할 때 인간적이게 됩니다. 그 사람이 얼마만큼 인간적인가 하는 것과 그 사람이 얼마만큼 사랑하는가 하는 것은 일치합니다. 또한 그 사랑이 확장될 때, 인간은 신의 모습을 닮아있습니다.

큰 뜻은 저잣거리에도 널려 있으나 쉬이 응축되거나 압축되지 아니합니다. 그래서 큰 뜻입니다.

원칙을 중요하게 여기는 리더라면, 올바른 원칙부터 세울 줄 알아야 합니다.

침묵을 기른 후에야 말이 많은 것이 시끄러운 줄 알았습니다.

우리들 개개인의 삶은 결국 이런저런 주의에 휘둘리기 보다는 어디까지나 삶 자체의 논리에 따라 흘러갑니다.

우리를 귀 기울이게 하는 것은 시의時宜를 알리는 저 귀뚜라미 소리 같은 것입니다.

카지미르 말레비치 – 흰 색 위의 흰색,
1918년, 캔버스에 오일, 79.4 x 79.4cm

이보라 소설가의 삶의 모퉁이를 돌 때마다

● 세상에 무엇이든 존재 그 자체만으로 지존至尊이 될 때 말은 불필요한 것이 됩니다. 그것이 진리라면 더 말 할 것도 없이 마음에서 마음으로 전해질 것임을 이미 깨달았기 때문입니다.

조급한 마음으로 불안할 땐 흙에 씨를 뿌려봅니다. 싹이 트고 꽃이 피어 열매를 맺기까지 온 정성으로 기다리는 시간을 익히게 됩니다. 신은 우리를 채찍이 아니라 시간으로 길들입니다. 성급함을 다스리며 인내할 때 신을 닮은 결실의 인간이 드러날 수 있습니다.

타인에게 감동을 주는 인생은 자기만의 스토리가 있기 때문입니다. 누군가의 인생에 자기 이야기는 없고 타인의 이야기만 있다면 감동이 있을 리 만무합니다.

구스타프 클림트 - 051, 1916년, 캔버스에 오일, 168 × 130cm

• 인간을 이끌어온 것이 이성이라면, 인간을 만들어 가는 것은 감성입니다. 실천 가능한 언행 가운데에서 최선의 것을 선택하는 것은 언제나 감성입니다. 이성은 감성으로부터 지속적으로 영양분을 섭취해야 합니다.

이야기는 서로 이해하는 능력을 키워주는 놀이와 같습니다. 죽음을 앞두고도 인간은 살아남는 자들에게 자신의 이야기를 전해줄 것을 부탁해 왔습니다. 우리들의 이야기는 끝이 없습니다.

비우기 위해서는 먼저 채우는 것이 마땅합니다. 그러나 그것이 부단히 작위적일 때 시행착오가 될 뿐입니다. 어떤 자유에도 책임이 따르듯 역사는 자연의 제약을 받아 마땅합니다. 우리는 철학 없는 정치를 우려하고 도덕 없는 경제를 경멸하며 인간성 없는 과학을 원치 않아야 합니다.

Ⅲ.
삼키다

진리는 별로 빛나고
지혜가 등불로
그 길을 밝힙니다.

카지미르 말레비치 - 검은 사각형,
1915년, 106.4 x 106.4cm

● 지구촌에 자연재해가 발목을 잡고 인간재해도 앞을 가립니다. 아무도 머뭇거릴 줄 모르기 때문입니다. 과정을 무시하며 목적의 달성에만 매달리는 날들과 목적은 없이 과정만 남아있는 날들 중에, 어느 편이 더 허무한 지 가늠하기 힘듭니다.

세월호가 수장水葬된 망망대해는 침묵 중입니다.
부끄럽고 어리석은 인재人災였습니다.
인간은 종종 이렇게 자연을 한없이 비정하게 만듭니다.

끓으면 사라지고 얼면 다른 것이 됩니다. 고이게 되면 썩으니, 물은 흐르며 물입니다.
 흐르는 소리가 들리지 않아도 강물은 이 순간도 흐름으로써 존재합니다.

| 에드바르 뭉크 - 질투,
| 캔버스에 오일, 1907년, 75 x 98cm

062
이보라 소설가의 삶의 모퉁이를 돌 때마다

● 한국만큼 이념의 노비들이 설치는 나라가 이젠 세상에 몇이나 될까요.
정치적 견해가 다르다고 해서 잘 지내다가도 원수가 되는 이 노비들의 난이 역사 속 한국전쟁을 상기하는 것 보다 더 가슴 아플 때가 많습니다.

우주에 지구라는 섬에 나서 나[我]라는 섬으로 살아 왔습니다.
다시 어딜 가든 나는 섬이지 않겠습니까.
하지만 나의 삶은 다른 이의 죽음에 끊임없이 빚지고 있음을 기억하겠습니다.

나의 무력함을 거부할 때 세상은 내게서 한 걸음 멀어집니다.
나의 무력함을 시인할 때 세상을 향해 자유의 새 걸음을 내디딜 수 있습니다.

구스타프 클림트 - 키스,
1908년, 캔버스에 오일, 180 x 180cm

066
이보라 소설가의 삶의 모퉁이를 돌 때마다

• 누군가의 가슴에 불을 붙이려 한다면 내 가슴 속에서부터 불꽃이 타고 있어야 합니다.
그렇지 못할 경우 누군가의 열정이나 최선을 기대해서는 안 됩니다.

한 가지 착각에서라도 벗어나야 하건만 세상은 자꾸 안락으로 꼬드기며 열두 가지 착각 속으로 빠져들게 합니다. 아무리 훌륭한 법과 제도를 완비할 지라도 그것을 운용하는 우리의 품성이 그것을 따라가지 못하는 한 바람직한 삶과 사회는 어렵습니다.

나는 매순간 언어와 연애하거나 투쟁합니다. 말 덜하면서 말 더 잘하고 싶기 때문입니다.

이 세상에서 가장 뜨거운 것이 입 속의 혀일 수 있습니다. 반대로 가장 차가운 것도 혀일 수 있습니다.

끌로드 모네 – 해돋이,
1873년, 캔버스에 오일, 48 × 63cm

이보라 소설가의 삶의 모퉁이를 돌 때마다

• 진정한 자기를 찾고 싶다면 스스로 미학적인 감수성을 계발해야 합니다. 이것은 삶을 긍정하고 아름다움을 느낄 줄 아는 열린 마인드에서부터 시작됩니다. 이 순간도 건강하게 보고 듣고 맡고 먹고 또 만지세요. 그리고 아름다움에 대하여 생각하고 느끼세요. 세상 어떤 위대한 사유에도 감각이 우선합니다.

경주 안압지에 담긴 것들을 한참 들여다보다가 사진 찍습니다. 그래봐야 나는 고작 순간을 담을 뿐, 구름이 흐르고 산이 웃고 나무가 춤추는 저 연못 속에는 천년 묵은 이무기 같은 사연이 똬리 틀고 담겨 있습니다.

지천知天과 지인知人이 다르지 않습니다. 하늘의 무한함을 인정하며 사람의 길을 걷습니다. 진리는 별로 빛나고 지혜가 등불로 그 길을 밝힙니다. 사람의 재치는 진리가 되고자 하는 열망을 언어에 담아 지상에서 천상까지 아름답게 나아갈 수 있습니다.

삐에르 르노아르 - 꽃속의 마로니에 나무,
1881년, 캔버스에 오일, 71 x 89㎝

074
이보라 소설가의 삶의 모퉁이를 돌 때마다

- 죽음에 대한 지침을 잃어버린 시대를 살아가며 우리는 어떻게 죽음을 맞이하는가에 대해 더 이상 알지 못합니다. 명확한 것은 죽기 위해 태어난 존재가 인간인데 말입니다. 순식간에 억장 무너지듯 사랑하는 사람들을 잃어버리고 나서야 우리는 이제 무엇이든 좀 깨닫고 싶어집니다. 누구든 깨달아야 변할 수 있다는 것을 알고 있기 때문입니다.

길은 많아도 잃기 쉬운 게 인생입니다. 모든 방황과 떠남은 돌아오기 위한 과정입니다. 마침내 돌아와야 할 자리란 다름 아닌 '나' 입니다. 세상에 아무 곳도 나 없이 존재할 수 없습니다.

내가 짓는 새로운 세계는 지금까지 '바깥'에 있습니다. 거기에 내가 안아주지 않았던 사람들 혹은 기다려주지 못했던 사람들이 존재합니다. 그래서 바깥은 닿고 싶은 고향이거나 특별한 진리가 됩니다. 나는 창작을 통해, 어리석은 나만큼 조차도 세상의 질서에 부응하지 못하거나 밀려나는 이들로부터 권리 같은 의미를 획득하고 싶습니다.

| 폴 세잔 - 덤불,
| 1902년, 캔버스에 오일, 79.8 x 64.6cm

078

이보라 소설가의 삶의 모퉁이를 돌 때마다

- 신께 인내를 구하면 신은 인내심을 주실까, 내가 인내할 수 있는 기회를 주실까. 신께 사랑을 구하면 신은 나를 사랑하는 당신을 주실까, 내가 당신을 사랑할 수 있는 기회를 주실까.

해묵은 습관을 하나 놓았습니다. 쓸쓸합니다.
이 쓸쓸함이 낯설지 않은 습관이 되면 좋겠습니다.

지키는 것이 이기는 것입니다.
누구도 부정할 수 없는 존재의 실재란
그것이 미약하거나 눈에 보이지 않는 것이라 할지라도
실재하는 이상 섬뜩한 힘을 발휘할 수밖에 없습니다.
아침처럼
사랑처럼
또 당신처럼 말입니다.

IV.
맡다

참된 인간이란
길을 쫓는 것이 아니라
내 길을 내가
만들며 걷는 사람입니다.

구스타프 클림트 - 삶의 나무,
1909년, 캔버스에 오일, 195 x 102cm

이보라 소설가의 삶의 모퉁이를 돌 때마다

• 국화와 같은 가을꽃에는 깊이 있는 아름다움이 배어있습니다. 푸성귀로 살아낸 화사한 봄과 열정을 꽃피운 여름이 아쉽지 않으며 머지않은 겨울도 춥지 않습니다. 누군가의 따뜻하고 향긋한 차 한 잔으로 살겠다는 꿈도 있습니다.

삶이 아름다운 이유는 꿈이 있기 때문입니다.
여전히 꿈이 있다는 것은 삶을 긍정하기 때문입니다.
그래서 꿈이 있는 사람이 다른 누구보다 아름답습니다.
긍정적인 삶은 나를 살리고 당신도 살게 합니다.

인간은 뭐든 사회를 통해서 배웁니다.
그러나 창의적인 영감靈感을 받는 것만큼은
고독을 통해서만 가능합니다.

바실리 칸딘스키 - 여러개의 원,
1926년, 캔버스에 오일, 140.3 x 140.7cm

088
이보라 소설가의 삶의 모퉁이를 돌 때마다

- 나에게 적이 있을 때 물리치기 위해
굴로 직접 뛰어들었습니다.
나에게 대적할 이가 없는 데
굴로 뛰어드는 일은 없을 겁니다.

이것이 용기와 무모의 차이입니다.

학문의 길은 고개마다 험준합니다.
 몸은 말랐지만 정신은 맑은 한 그루 나무로 자라야 합니다. 눈보라 견뎌내고 마침내 피워낸 사랑의 매화와 같을 때,
학문은 아름답고 그윽한 풍경이 됩니다.

모든 것을 원하기에 모든 것을 버리기도 합니다.
역사 속에서 그런 인물들을 찾아 살펴보면
일생 아무 두려움 없이 기쁘게 살았습니다.
기대의 역사와 저항의 역사를 다 겪어낸 사람들은
이제 지친 듯합니다.
소소한 행복과 작은 감동이야말로 실제이며
진실이라고 믿으며 지키려 합니다.

끌로드 모네 - 수련,
1912년, 캔버스에 오일, 200.5 x 201cm

092
이보라 소설가의 삶의 모퉁이를 돌 때마다

- 낡은 것이 새로운 것이며 새로운 것은 낡은 것입니다.
가령 속 깊은 행동으로 타인을 배려하는 인물은 낡았기에 새롭습니다.
그런 인간형이 언제부턴가 천연기념물이나 희귀동물 같아져 버렸기 때문입니다.

한 사람이 공을 이루기 위해서 만 사람의 뼈가 마릅니다.
이러한 사실을 잘 아는 사람이 훌륭한 리더가 될 수 있습니다.
존경은 통치에서가 아니라 다스림에서 나옵니다.

그저 공기 같은 사람이고 싶습니다. 공기처럼 맞닥뜨리지 않는 곳이 없되 아무 곳에나 스밀 수 있었으면 합니다. 그렇게 있는 듯 없는 사람으로 살아도 부인할 수 없는 존재가 인간입니다.

에드바르 뭉크 - 백야,
1901년, 캔버스에 오일, 115.5 × 110.5cm

이보라 소설가의 삶의 모퉁이를 돌 때마다

● 참된 인문학자의 연구와 참된 예술가의 성과를 돈으로 어찌 환산할 수 있겠습니까. 몸과 마음이 송두리째, 〈세상에 제물〉일 따름입니다.

어김없이 하늘의 아침이 오듯 어김없이 인간의 주말도 옵니다. 삶이 만만찮으니 쉬며 가자고 만든 날이니 충분히 누리고 싶습니다.
숲속 길을 걸으며 심신을 달랩니다. 절실할 때마다 숲을 찾지 못하니 꽃 같은 사람과 나무 같은 책으로 나만의 숲을 꾸미며 삽니다.

나의 품위는 스스로 유지하는 것이며 나의 격조는 타인이 판단하고 인정할 때 드높아집니다. 참된 인간이란 길을 쫓는 것이 아니라 내 길을 내가 만들며 걷는 사람입니다.

| 카지미르 말레비치 - 농부,
1930년, 캔버스에 오일, 53 x 70㎝

098
이보라 소설가의 삶의 모퉁이를 돌 때마다

● 사람과 사람 사이에 섬이 있다는데 나는 문이 있는 것 같습니다.
누가 얼마만큼 여는지 또 누가 얼마만큼 들어서는지에 따라 사람 관계는 달라집니다.
그 문 가끔 닫아둘 필요가 있겠습니다만 잠그지는 마세요.

완벽은 인간의 꿈일 뿐 자연의 몫이 아닙니다. 자연은 완벽을 꿈꿀 만큼 어리석지 않습니다. 자연이 어리석게 보이는 순간조차, 어리석음은 자연을 이해하지 못하는 인간의 몫입니다.

인간의 지혜는 자연이 가장 어리석어 보이는 순간에도 더할 나위 없이 지혜롭다는 사실을 받아들이는 데 있습니다.

누군가를 진심으로 사랑하기가 쉽지 않습니다. 고단한 삶과 무거운 자존심까지 그 사람의 전부를 '사랑'해야하기 때문입니다. 하지만 그 사람은 기꺼이 자신의 고단한 삶에 당신을 초대했고 무거운 자존심을 짊어진 채 당신의 손을 잡고 걷고 있습니다.

삐에르 르노아르
그네, 1876년, 캔버스에 오일, 41 × 23cm

• 이 광활한 우주에 나를 영롱한 보석구슬일 수 있게 하는 당신은 또 다른 보석구슬입니다. 우리는 서로를 비치며 서로를 담고 있습니다. 내가 변하면 당신도 변하고, 당신이 아프면 나도 아픕니다.

열정의 근간은 자신감과 당당함입니다. 나이가 들어가며 열정이 사그라 드는 것은 젊은 날의 시행착오로 그것의 힘이 약해지기 때문입니다. 그러나 뭐가 걱정입니까. 연륜 덕분에 당신의 열정은 그것 못지않은 신중함과 현명함으로 어느새 변신해 있습니다.

나무 한그루를 심어도 토양이 좋아야 잘 자랍니다.
언제나 자아부터 극복이 되어야 환경의 권위에 진정한 도전이 가능합니다.
그렇지 못할 경우 혁신의 마인드조차 열등감의 발로 같은 것이 될 뿐입니다.

V.
느끼다

살아 있는 것을 나는 이렇게 나눕니다.
꿈이 있는 존재와 꿈이 없는 존재.

끌로드 모네 - 오전의 건초더미; 눈의 효과,
1891년, 캔버스에 오일, 65.5 x 92.5㎝

108
이보라 소설가의 삶의 모퉁이를 돌 때마다

• 한 시간 일찍 잤다고
두 시간 일찍 일어난 새 날
아침입니다.

저 새들이 오늘 아침에 유난히 떠들며 하루를 깨우는 이유가 무엇일까, 생각하고 상상하는 대로 두근두근 가슴이 설렙니다.

남녀 간의 사랑이 사치라는 생각이 들 때가 있습니다. 오해를 풀려는 노력 없이 이해를 구할 수 없습니다. 언어는 침묵으로부터 났지만 인간 최선의 소통수단입니다. 어려운 처지에도 그 관계를 끝까지 이어가는 연인들이 아름답습니다.

좋아요! 공감에 인색하지 않는 삶을 손가락 끝에서부터 페이스 북으로 배웁니다. 혀보다 손가락이 바빠야 하는 스마트폰 시대입니다. 어느 것도 사람의 도구이기에, 얼굴에 입 맞추듯 화면을 두드립니다.

구스타프 클림트
신부, 1918년, 캔버스에 오일, 165 x 191cm

112
이보라 소설가의 삶의 모퉁이를 돌 때마다

- 내가 살아있는 한 나는 나 자신을 알 수 없고
내가 죽어서도 역시 나는 나를 알 수 없을 것입니다.
내 삶 전체를 인식할 수 있는 것은 나보다 오래 산 사람들의 눈을 통해서이며
내 삶은 내가 죽어서야 실존할 수 있습니다.

날이 더워질수록 밤은 선물 같습니다.
열린 창을 통해 나를 드나드는 바람에게로 아낌없이 커피 향을 나눠줍니다. 다 흩어지진 말고, 당신에게로 조금은 가 닿았으면 좋겠습니다.

살아 있는 것을 나는 이렇게 나눕니다, 꿈이 있는 존재와 꿈이 없는 존재.

설령 그 꿈이 헛된 것이라 할지라도 꿈이 없다면 사람도 아닙니다.

에드바르 뭉크 - 카를 요한 거리의 저녁,
1892년, 캔버스에 오일, 84.5 x 121㎝

이보라 소설가의 삶의 모퉁이를 돌 때마다

• 나의 마음 반쪽은 늘 떠나 있습니다. 당장 가야할 것 같지만 결코 가지 않을 거기로 말입니다. 그러거나 말거나 내버려 두는 이유는 여기에 남아있어야만 하는 나머지 반쪽의 마음 때문입니다.

섬은 바람과 해류로 고단합니다. 그러나 섬은 그것들로 온전히 자기가 됩니다.
깎이듯 깎아가며 섬은 오늘도 망망대해에 존재하며 형성합니다.

바닷가에서 모래성을 쌓고 허물기를 반복하는 아이들을 보면 허무 앞에서도 기꺼이 즐겁습니다. 그런 아이와 같은 인간의 생이란 바람을 타고 파도가 꺼지지 않는 바다와 같습니다.

바실리 칸딘스키 - 블루 페인팅,
1924년, 캔버스에 오일, 50.6 x 49.5cm

• 타인을 향한 사랑과 배려는 우리가 가슴으로 하는 소통입니다. 기분 좋은 인생을 살아가기 위한 최고의 요령은 누군가를 돕거나 힘이 되어주는 것입니다. 우리는 존재의 의미를 실감하고 순수한 기쁨을 누리게 됩니다.

누군가 일평생 떠돌아도 마음 밭엔 꽃 한 송이 심기 마련입니다.
시공을 초월하며 노마드의 고향은 바로 그곳이 됩니다.

사랑은 만물의 존재를 긍정하여 만물의 존재를 유지시킵니다.
함께 나눌 사랑이 되기 위해 오늘밤도 환한 불빛 켜둡니다.

삐에르 르노아르 - 퐁 네프,
1919년, 캔버스에 오일, 75.3 × 93.7㎝

122
이보라 소설가의 삶의 모퉁이를 돌 때마다

● 술은 입술에 닿고 말은 마음에 와 닿습니다. 삶은 만남에 닿으니 닿지 못할 데가 없습니다. 우리는 기꺼이 술잔을 나눕니다. 한잔은 받아서 행복한 나를 위해 다음 잔은 주셔서 행복한 당신을 위해 마지막잔은 나와 당신을 엮으시며 행복한 신을 위해.

저 강물은 어쩌면 속이 텅 비어 있을지 모릅니다. 그러나 꿈꾸는 어부는 지속적으로 그물을 던집니다. 누군가 해야 하면 내가 하고 언젠가 해야 한다면 지금 하고 어차피 해야 한다면 최선을 다할 때, 몸도 마음도 청춘일 수 있습니다.

기댈 수 있는 누군가의 어깨가 필요합니다.
그 누군가도 나와 똑같은 생각 중일지 모릅니다.
나는 외로워도 세상은 그래서 외롭지 않을 수 있나 봅니다.

끌로드 모네 - 아르장튀우의 붉은 배,
1875년, 캔버스에 오일, 80.3 x 59.7㎝

126
이보라 소설가의 삶의 모퉁이를 돌 때마다

- 키스 없는 섹스는 상상조차 하기 싫습니다.
영혼이 없는 몸과 몸이 있다면 가능할지 모릅니다.
인간이 교감을 갈망할 경우 키스가 섹스보다 강합니다.

순일무잡純一無雜한 봄을 누립니다.
꽃은 그렇게 욕심이나 부끄러움 없이 완연한 봄 중입니다.
하지만 내가 누리고 싶은 봄은 오직 당신과 함께 하는 계절이니
저 꽃 보기가 부끄럽습니다.

세상에 살 맞닿은 모든 것이 아름답습니다.
하늘과 구름, 나무와 꽃, 시내와 돌멩이, 사람과 사람…….
태초에 어머니와 살 맞닿아 있던 그 무의식속 기억 덕분일지 모릅니다.

VI.
잇다

인간은
오직 관계로써 우리가 됩니다.

폴 세잔 - 카드놀이를 하는 사람,
1895년, 캔버스에 오일, 97 x 130㎝

이보라 소설가의 삶의 모퉁이를 돌 때마다

● 맑으면 맑아서 흐리면 흐려서, 당신이 보고 싶은 탓은 세상에 수만 가지입니다. 바닥에 배를 깔고 가만히 엎드려 있으면 세상은 커다란 어항 같고 나는 죽어도 눈감지 못하는 물고기 같습니다. 세상에 아름다움은 언제나 고통과 함께 있습니다. 이루어질 수 없는 사랑도 더없이 아름다울 수밖에 없습니다.

오랜 시간 새카맣게 속이 타들어가다 가슴마다 숭숭 구멍이 났는지 모릅니다.
숙명 같은 바다를 물숨으로 살아내며, 섬은 오가는 아무를 잡지 않되 잊지 않습니다.
그래서 내일도 제주도에는 바람처럼 사람이 듭니다.

어제와 오늘의 경계에 깨어 있습니다.

　새 주를 위해 몸을 성찰했으니 마음을 성찰할 차례입니다. 어떻게? 당신을 만나고 독서하며 글쓰기. 별스러운 것도 아닌데 그것들이 성찰을 전제할 경우, 내 삶은 문득 외경스러워질 수 있습니다.

구스타프 클림트 - 비치 그로브,
1902년, 캔버스에 오일, 100 x 100cm

이보라 소설가의 삶의 모퉁이를 돌 때마다

• 모든 것을 놓고 싶을 정도로 마음이 힘들 때 마다 꼭 생각나는 사람이 있습니다.
오늘이 아무리 힘들어도 나의 내일을 살게 하는 게 바로 그 사람의 힘인 것 같습니다.
나도 누군가에게 그런 사람이고 싶습니다.

사랑하는 사람을 잃는 것은 나를 잃는 일입니다. 그러나 인간 삶에 넘지 못할 위기란 없습니다. 우리의 오월이 찬란할 수 있는 것은 누군가의 사월이 잔인했던 덕분입니다. 아름다운 것은 관심을 바라지 않습니다. 그러나 지속적으로 우리를 일깨웁니다.

강물도 없는 강물이 흘러갑니다, 강물도 없는 강물이 범람합니다.
강물도 없는 강물에 뗏목다리가 떠내려갑니다.

폴 세잔 - 밤나무 농장,
1885년, 캔버스에 오일, 65.5 x 81.3cm

140
이보라 소설가의 삶의 모퉁이를 돌 때마다

● 사랑하는 사람을 떠나보낼 때 다른 존재로 다시 태어나는 것 같습니다. 그리고 죽지 못해 살아갑니다. 나는 그럴 때마다 사랑을 예약하는 심정으로 글을 씁니다. 이 세상에는 너무 늦었거나 이루어질 수 없는 사랑이 많기 때문입니다.

사랑하는 이여, 나는 당신께 나를 더 주어도 다 못 드립니다.
왜 몰랐을까요, 모두를 사랑한다는 것은 아무도 사랑하지 않는 것일 수 있음을.
하나를 진심으로 사랑하기도 벅찬 것이 인간의 한 생입니다.

나를 실체이게 하는 타인과의 순간순간이 바로 우리 기쁜 삶입니다. 타인과의 좋은 관계는 팍팍한 우리 삶에 한 구원입니다. 사람이 세상에 피우는 꽃도 아름답습니다. 오늘도 웃음꽃과 수다꽃을 만발하게 피우며 세상에 봄으로 살겠습니다.

끌로드 모네 - 일본식 다리,
1899년, 캔버스에 오일, 81.3 x 101.6cm

이보라 소설가의 삶의 모퉁이를 돌 때마다

● 나무는 하늘로 곧게 가지를 뻗고, 우리는 삶 속으로 구불구불 뿌리를 내립니다. 내가 아무리 뿌리 깊은 나무라 할지라도 한 그루의 나무로는 결코 숲을 이룰 수 없습니다.

과거와 현재 그리고 미래는 다양한 차원에서 식별이 불가능할 정도로 서로를 반영하며 우리의 삶 속에 공존하고 있습니다. 당신이 문득문득 신비로움을 느끼는 것은 당신 안에 이미
　　신비가 있기 때문입니다. 우리는 서로의 신비를 외경畏敬하며 오늘을 살아냅니다.

내가 사모하는 불교 사상의 꽃은 연기론입니다. 아무리 작은 것이라 하더라도 그것이 무한시간과 무변無邊 공간으로 연결되어 있는 드넓은 것이라는 진리를 깨닫는 순간 이 세상 모든 사물은 저마다 찬란한 꽃이 됩니다.

바실리 칸딘스키 - 동심원이 있는 정사각형,
1913년, 종이에 복합 기법, 91 x 60.5cm

이보라 소설가의 삶의 모퉁이를 돌 때마다

● 작품의 아름다움이란 예술가도 철학자도 함부로 정의할 수 없습니다. 그것은 독자가 작품에 부여함으로써 실현되는 것입니다. 독자는 작품을 완성하기 위해 마지막에 오는 존재입니다.

나에게 왜 세상사람 아무도 믿지 말라고 합니까.
내가 당신을 믿으니까 당신도 나를 믿지 않습니까.
신뢰 받는다는 느낌은 인간을 부단히 사람답게 나아가게 합니다.

날이 더워지면 밤이 도란거립니다. 가벼운 차림으로 산책하는 이웃 사람들이 가로등보다 환하게 웃고 있습니다. 마음을 너무 먼 데 두지 마세요. 먼 데 있는 마음은 외로울 수밖에 없고 누구도 당신을 영영 기억하지는 않습니다. 우리가 살고 죽어야 할 자리는 바로 여기 이웃 곁입니다.

프란체스코 과르디 - 가면 회의,
1755년, 캔버스에 오일, 108 x 208㎝

이보라 소설가의 삶의 모퉁이를 돌 때마다

- 인간은 오직 관계로써 우리가 됩니다. 우리가 가급적 쉽고 진실하게 잘 이야기하고자 애쓰는 까닭은 언어가 사람들 사이의 거리를 좁혀줄 수 있기 때문입니다.

당신을 깨우고 나는 이만 다시 잠들기로 합니다. 또 다른 누군가를 깨우고 싶기 때문입니다.

삶의 모퉁이를 돌 때마다 잊을 수 없는 사람이 있어 왔습니다. 어떤 순간과 어떤 날, 또 어떤 계절을 특별하게 하는 사람은 또 다른 나와 같습니다.

삶의 모퉁이를 돌 때마다 누군가 나를 오래 전부터 기다리고 있을지 모른다는 상상을 합니다. 어쩌면 내가 돌고 돌아서라도 또 다른 나에게로 가 닿고 싶은 건지 모릅니다.

인문지혜 총서 100인선 · 4
이보라
삶의 모퉁이를 돌 때마다

초판인쇄 2014년 12월 17일
초판발행 2014년 12월 20일

지은이 이보라
펴낸이 서정환
펴낸곳 인간과문학사

주 소 서울특별시 종로구 삼일대로32길36
305호(익선동, 운현신화타워빌딩)
전 화 02)3675-3885, 063)275-4000
등 록 제300-2013-10호
이메일 human3885@naver.com
inmun2013@hanmail.net

값 10,000원

ISBN 979-11-85512-28-0   04810
ISBN 979-11-85512-04-4   (전 100권)

저자와 협의하여 인지는 생략합니다.
잘못된 책은 바꿔 드립니다.

이 도서의 국립중앙도서관 출판예정도서목록(CIP)은 서지정보유통지원시스템 홈페이지(http://seoji.nl.go.kr)와 국가자료공동목록시스템(http://www.nl.go.kr/kolisnet)에서 이용하실 수 있습니다.(CIP제어번호: CIP2014036713)